LES TRAITÉS

DE COMMERCE

ET

L'ANGLETERRE

PAR

M. MARC DE HAUT

président du Comice agricole de Provins

———•———

PARIS

TYPOGRAPHIE DE CH. LAHURE ET Cⁱᵉ,

RUE DE FLEURUS, 9.

1860

LES

TRAITÉS DE COMMERCE

ET L'ANGLETERRE.

I

L'attention de la France vient d'être énergiquement rappelée aux questions économiques. Le nouveau programme politique adressé par l'Empereur à ses ministres se termine par ces lignes :

« En résumé : suppression des droits sur la laine et sur les cotons ;

« Réduction successive sur les sucres et sur les cafés ;

« Amélioration énergiquement poursuivie des voies de communication ;

« Réduction des droits sur les canaux, et, par suite, abaissement général des frais de transport ;

« Prêts à l'agriculture et à l'industrie ;

« Travaux considérables d'utilité publique ;

« Suppression des prohibitions ;

« Traités de commerce avec les puissances étrangères. »

Que de problèmes, et quels problèmes ! Il n'est pas un
homme quelque peu clairvoyant, propriétaire, cultivateur,
industriel, commerçant, ouvrier, qui ne comprenne que
de leur solution, bonne ou mauvaise, dépendent les questions vitales de la fortune publique et de la fortune privée.
Tous les points indiqués dans ce programme méritent
d'être examinés avec soin et traités avec détail : ils le
seront certainement. Nous ne voulons nous arrêter qu'au
dernier article :

« Traités de commerce avec les puissances étrangères. »

Évidemment il ne s'agit pas, dans la pensée du gouvernement, de ces conventions qui interviennent fréquem-
ment entre les divers états maritimes, dans le but de
stipuler des garanties réciproques pour la sûreté des
commerçants et pour la facilité matérielle de leurs opé-
rations ; il s'agit au contraire de traités contenant des
modifications aux tarifs des douanes. Or les questions
de tarifs, déjà si difficiles et si épineuses par elles-mêmes,
prennent un caractère plus considérable de gravité, par
cela seul qu'elles deviennent parties intégrantes d'un
traité de commerce. Et il n'est pas indifférent, pour un
peuple qui revise sa législation commerciale, de procéder
par voie législative ou par traités séparés avec les puissances étrangères.

1° L'autorité qui tranche les questions n'est plus la
même.

2° Les tarifs ainsi fixés ont une durée forcée résultant des termes du traité.

3° Dans la discussion de ces traités, les intérêts matériels économiques peuvent être souvent sacrifiés aux considérations politiques.

Reprenons ces divers points de vue.

II

L'article 3 du Sénatus-consulte du 25 décembre 1852, interprétatif de la Constitution, dispose en ces termes : « Les traités de commerce, faits en vertu de l'article 6 de la Constitution, ont force de loi pour les modifications de tarifs qui y sont stipulées. » Cette disposition interprétative avait été rendue nécessaire à cause des doutes qui s'étaient élevés sur l'article 6 de la Constitution ainsi conçu : « Le président de la République:... fait les traités de paix, d'alliance et de commerce. » Cet article avait-il dérogé à l'usage établi depuis 1826, de soumettre aux Chambres les modifications de tarifs insérées dans les traités de commerce ? Telle était la question soulevée, et que le Sénatus-consulte, interprétatif de la Constitution, a résolue. Le savant rapporteur qui présentait cet acte à l'acceptation du Sénat, M. le premier président Troplong résumait ainsi la pensée de la Constitution : « La puissance publique « s'est dépouillée au profit de l'Empereur de tout contrôle « sur ces questions : elle lui a donné un mandat exprès,

« positif, sans réserve, qu'il ne faut pas chercher à an-
« nuler par des sous-entendus incompatibles avec son
« existence même. »

Cependant, hâtons-nous de le dire, il ne faut pas que
les parties intéressées tirent de là cette conclusion qu'elles
ne doivent pas être entendues, qu'elles pourront être ju-
gées sans élever la voix. En effet, l'éminent rapporteur
continue en ces termes :

« Au reste votre Commission a la conviction intime que
« plus le gouvernement est armé d'un droit éminent pour
« faire les traités, plus il sent la nécessité de s'environner
« des lumières des hommes spéciaux, pour n'entrer dans
« la voie des modifications diplomatiques de tarifs qu'avec
« de grandes précautions. Les traités de commerce tou-
« chent à tout ce qu'il y a de plus délicat dans les inté-
« rêts de notre navigation, de notre industrie, de notre
« commerce, de notre agriculture. En cherchant à faire
« le bien, on peut se laisser entraîner à des mesures fa-
« tales ; et il y a tel traité de commerce assez dangereux
« pour porter la plus grande perturbation dans tous nos
« intérêts, pour ruiner la production agricole, pour anéan-
« tir nos fabriques, et bouleverser le système entier de
« notre économie politique. Par un traité de commerce
« irréfléchi, rien ne serait plus facile que de compromet-
« tre la richesse intérieure du pays, aussi profondément
« qu'un traité de paix, portant imposition de subsides ou
« cession de territoire, porterait atteinte à l'honneur na-
« tional. Ne serait-il pas possible de rétablir quelque
« chose d'analogue au conseil supérieur du commerce et

« des colonies, d'organiser des moyens d'instruction et
« d'enquête, d'instituer, à l'exemple de Colbert, des con-
« sultations officielles de ces commerçants éminents qui
« surveillent avec intelligence la mobilité des faits indus-
« triels ? N'y aurait-il pas là des auxiliaires précieux pour
« la direction de l'agriculture et du commerce, et pour
« l'administration des douanes ? Ne seraient-ce pas des
« moyens excellents pour donner une entière sécurité aux
« établissements commerciaux et industriels qui ont pris,
« depuis trente ans, un si heureux développement, et
« qu'il faut toujours craindre d'alarmer ou de tenir en
« suspens ? Le célèbre traité de 1786 ne produisit des ef-
« fets si désastreux sur certaines branches de l'industrie
« française, que parce que le gouvernement ne s'envi-
« ronna que de lumières partielles, laissant à l'écart un
« grand nombre des organes naturels du commerce et de
« la fabrication. Le gouvernement de l'Empereur sait au
« reste, dans sa haute sagesse, que ces questions sont
« hérissées de difficultés, qu'on y marche à côté de pié-
« ges adroits et de théories d'autant plus funestes qu'elles
« sont plus séduisantes. »

Ces paroles sont rassurantes : la lumière est appelée de
de toute part ; tous les intérêts sont reçus à se défendre ;
tous les besoins sont provoqués à se faire connaître ; toutes
les voies légales par lesquelles les vœux de la France peuvent parvenir à son gouvernement sont ouvertes. Cet avis
sera entendu. Personne ne voudra que, si des traités de
commerce étant aujourd'hui conclus, et si par malheur il en
résultait quelques-unes de ces catastrophes industrielles

qui sont des plaies longtemps saignantes pour les nations, un historien sévère, puisse dire après soixante ans, avec l'austère parole du juge, que *le gouvernement ne fut environné que de lumières partielles, et qu'un grand nombre des organes naturels du commerce et de la fabrication furent laissés à l'écart.*

La route est donc tracée, et il n'y a qu'à la suivre. *Les questions sont hérissées de difficultés,* c'est aux parties intéressées à les éclaircir : *On marche à côté de piéges adroits ;* le gouvernement demande qu'on les lui signale ; *au milieu de théories d'autant plus funestes qu'elles sont plus séduisantes,* il demande qu'on les démasque et qu'on ne lui ménage pas peut-être pour l'avenir de cuisants mais inutiles regrets que ne consolerait pas le reproche adressé à notre silence.

Pourquoi ne le dirions-nous pas ? nos paroles s'adressent surtout à l'agriculture, patiente à la souffrance, lente à s'émouvoir, et qui a si rarement le temps d'essuyer la sueur du travail pour faire entendre des doléances qui n'ont, le plus souvent, que la terre pour confidente. Il serait long de dire toutes les idées fausses qui la menacent, toutes les théories séduisantes, mais funestes, qui conspirent contre sa prospérité. Cela n'entre pas, d'ailleurs, dans le cadre de ces pages rapides. Mais, pour n'en citer qu'un exemple : que dire de cette théorie qui présente comme une matière première, une matière brute indigne de toute protection, la laine, ce produit si coûteux et si perfectionné de l'industrie agricole ? Je ne puis la comparer qu'à cette prétention des imprimeurs d'étoffes, qui proclament matière première les tissus blancs, de coton qui, avant d'arriver à cette forme, ont exigé l'emploi de tant de machines, passé par tant de mains, produit tant de salaires, et nourri tant de familles.

L'agriculture, nous l'espérons, saura se faire entendre comme l'industrie, dont sa cause ne doit pas être séparée, elle saura manifester ses véritables intérêts. Nous avons voulu seulement lui dire que le temps presse et lui rappeler quel était au point de vue des traités de commerce son juge constitutionnel et l'arbitre légal de ses destinées. Il ne faut pas qu'elle attende l'intervention de ses représentants naturels et ordinaires. Le Corps législatif en matière de traités de commerce est un rouage supprimé et dont on a dû faire le sacrifice à la logique; c'est une garantie qu'il faut remplacer par une autre. Mais comme à nos yeux il n'en est aucune qui vaille l'intervention régulière des représentants de la France, issus du suffrage universel, il est permis d'exprimer le vœu que la marche à suivre dans la réalisation des projets de réforme permette le concours constitutionnel du Corps législatif.

III

La seconde réflexion que fait naître l'insertion d'un tarif de douanes dans un traité de commerce c'est que ce tarif devient ainsi obligatoire et forcé pour toute la durée assignée au traité. N'est-ce pas là un immense danger? Un décret peut être remplacé par un autre, une loi nouvelle

se substitue à une loi précédente, si l'expérience vient à
prouver que ce qui existe est mauvais et qu'il y a mieux
à faire que ce qui se fait. Quelque défectueuses que soient
les dispositions d'un décret ou d'une loi, il n'y a que demi-
mal tant que le gouvernement reste libre et la nation maî-
tresse d'elle-même, car des dispositions nouvelles peuvent
tout réparer. Avec un traité il n'en est plus de même. Si
la France est liée par sa signature, il faut qu'elle en accepte
les conséquences ; si c'est la souffrance, il faut la dévorer,
la ruine, il faut la subir, jusqu'au jour où le traité pren-
dra fin.

Un exemple rendra cette vérité plus palpable. L'agriculture a subi pendant les dernières années qui viennent
de s'écouler l'expérience du système de la libre entrée des
céréales ; on sait au prix de quelles souffrances. Mais enfin
l'avenir lui restait, elle a fait entendre librement et res-
pectueusement ses plaintes, elle a fait toucher du doigt la
fausseté du système dont elle était victime. Un décret lui
a rendu la protection mobile dont elle avait besoin et qu'un
décret lui avait enlevée. Aujourd'hui elle répare lentement
mais sensiblement le mal qu'elle avait subi. Que serait-il
arrivé au contraire si la libre entrée des céréales au lieu
de dépendre de la volonté libre du gouvernement eût été
le résultat d'une clause insérée dans un traité de commerce conclu avec la Russie ? La ruine de l'agriculture eût
été consommée, et la triste situation de 1858 et de 1859
au lieu de n'être plus pour nous qu'un souvenir instructif
serait encore une réalité poignante.

Ajoutez ceci que le cas échéant tel que nous le supposons, le mal subi par la France étant précisément le résultat d'une concession faite à la nation étrangère avec laquelle le traité aura été conclu, tout ce qui sera souffrance pour nous sera profit pour elle, et plus notre souffrance sera grande, plus son profit sera considérable, en sorte que plus nous serions désireux de résilier la convention, plus cette nation au contraire devra y tenir, et qu'on ne peut conserver aucun espoir de dénoncer amiablement le traité.

« Les traités, dit Grotius, se dénouent par le consentement ou se tranchent par l'épée. » Ne pourrait-il pas arriver un jour telles circonstances où la France fatiguée d'un traité onéreux en fût amenée à cette extrémité, et tel traité de commerce conclu pour consolider la paix ne pourrait-il pas recéler peut-être la guerre dans ses flancs ?

Sans pousser les choses aussi loin, reste toujours le danger pour une nation d'abdiquer sa liberté pour une durée déterminée, d'être obligée d'accepter comme état permanent ce qui aurait pu n'être qu'une épreuve, et de rester dans le *piége* s'il a été assez adroitement tendu pour l'y faire tomber.

IV

L'idée mère de tout traité de commerce est une compensation, une balance aussi exacte que possible de sacrifices et d'avantages réciproques que se font les deux parties contractantes, sacrifices par l'une qui deviennent avantages pour l'autre et *vice versa*, cela est clair, car si l'abaissement de tarif sur tel article consenti par une des deux nations, par la France par exemple, était considéré comme un avantage pour elle d'une manière absolue, elle devrait évidemment en faire une loi générale sans distinction des nations qui devraient en profiter. Cette conséquence a été parfaitement sentie par les libre-échangistes purs qui ont toujours présenté les traités de commerce comme une inutilité ou une absurdité. Mais en restant dans l'idée vraie, celle d'une réciprocité de sacrifices compensés par des avantages, il en résulte que les abaissements de tarifs stipulés ne sont pas introduits dans l'intérêt de la nation qui les consent, en faveur du peuple Français, suivant une formule connue, mais bien dans l'intérêt de l'autre partie, en faveur du peuple anglais par exemple. Le véritable avantage de la France se trouvera dans la compensation c'est-à-dire dans la modification que l'autre nation introduira à son tour dans son tarif.

D'où il suit que le négociateur a deux choses à peser, non-seulement la gravité des concessions qu'il fait, mais la valeur des avantages qu'il obtient, et que, s'il se trompe sur l'un ou l'autre point, son traité peut être mauvais. Or il a toujours grande chance de se tromper sur les avantages qu'on lui offre, et à cause des illusions naturelles qu'il peut se faire, et parce que l'autre partie est toujours disposée à surfaire les concessions qu'elle propose, et enfin parce que ceux qui comptent profiter de ces avantages couvrent volontiers le négociateur de leurs applaudissements. Les intérêts sont égoïstes et se préoccupent peu de la ruine du voisin. Ajoutez à cela que la joie est souvent plus expansive et plus bruyante que la douleur et qu'on illumine plus facilement qu'on ne pétitionne.

Mais voilà le plus grand danger. Qu'arrivera-t-il, ou que ne pourra-t-il pas arriver, si l'esprit du négociateur ne se meut pas seulement dans le cercle des questions économiques, mais s'il subit encore l'influence des considérations politiques ? Il n'y a rien de plus dominant, de plus impérieux à un moment donné que la raison politique, et si l'intérêt économique seul est en présence, il peut courir quelquefois de grands risques. Et pourtant les circonstances politiques changeront vite, l'intérêt si pressant aujourd'hui ne se comprendra peut-être plus demain ou du moins ne se ressentira plus ; tandis que le résultat économique reste, et si c'est une blessure, que de temps et d'efforts ne faut-il pas pour la cicatriser ?

Lorsque le négociateur anglais Methwen fit accepter en 1703 au Portugal le célèbre traité de commerce qui porte encore son nom, ce n'était en apparence qu'un accessoire, une convention additionnelle aux traités politiques conclus en même temps. Pierre II était effrayé de l'accession de la maison de Bourbon au trône d'Espagne : il lui fallait l'alliance de la reine Anne. Qu'était-ce en comparaison de cela qu'une faveur accordée aux draps et à la coutellerie de l'Angleterre ? d'ailleurs les vins du Portugal jouiraient d'une notable diminution des droits dont ils étaient grevés. Le traité fut signé : un siècle d'annihilation et de dépendance a payé cette erreur.

Mais, dira-t-on peut-être, d'où vient cette aversion subite pour les traités de commerce ? tous les gouvernements n'en ont-ils pas fait ? A quoi s'occupe la direction commerciale du Ministère des affaires étrangères, si ce n'est à en préparer et à en discuter ? La France n'en a-t-elle pas conclu avec la Russie en 1846 ?

Avec les États-Unis en 1823.

Avec l'Angleterre en 1826.

Avec les Pays-Bas en 1840.

Avec la Belgique en 1842.

Avec la Sardaigne en 1843.

Avec les Deux-Siciles en 1845.

Avec le Danemark en 1842.

Avec le Portugal en 1853 ?

Avec toutes les petites républiques de l'Amérique du Sud, avec le royaume de Siam, l'Iman de Mascate et les îles Sandwich ?

Cela est vrai, mais apparemment ce que l'on veut faire aujourd'hui, ce qui est annoncé avec éclat comme le couronnement d'un système nouveau, c'est autre chose que ce qu'on a fait jusqu'à ce jour. Il ne s'agit plus de modifier les droits sur le fromage comme dans le traité avec la Hollande, ou les droits sur les fruits et les légumes comme dans le traité avec la Sardaigne. L'Empereur ne prend pas la parole pour si peu et l'émotion publique ne s'y est pas trompée.

Et puis, il faut le dire, si vous traitez avec un peuple faible, modeste dans ses prétentions, modéré dans ses appétits commerciaux, le danger, s'il existe, n'est pas grand. Mais si vous êtes en face de quelque nation puissante à qui le développement démesuré de sa production impose la nécessité d'immenses débouchés, et à qui la conscience de sa force en même temps que le sentiment de ses besoins font concevoir de colossales ambitions, et, pour dire le mot, si vous êtes en face de l'Angleterre, la scène change.

Personne n'ignore que depuis quarante ans elle a toujours son traité tout prêt. Quel est celui de ses diplomates qui soit venu à Paris sans en apporter le projet? Quel est celui de nos gouvernements auquel elle n'ait pas offert son traité, comme l'ours de la comédie? Et cependant le traité est encore à faire. Si grande qu'ait été à diverses époques l'intimité entre les deux cabinets, si grand qu'ait pu être chez certains de nos gouvernements le désir ou le besoin de s'assurer l'alliance de l'Angleterre, tous ont reculé devant le traité de commerce, tous ont refusé de payer par le sacrifice d'intérêts économiques français les services politiques qu'on pouvait espérer de cette insatiable alliée. La France le sait. La leçon donnée par le traité de 1786, si sévèrement jugé par M. Troplong, n'est d'ailleurs pas encore oubliée, et sans connaître le secret des négociations, par le seul instinct de la conservation, le mot de traité de commerce avec l'Angleterre, l'éveille et l'effraye.

L'alliance politique de l'Angleterre nous convient, et elle en demande le prix, dit-elle. Mais ne l'a-t-elle pas déjà reçu, ne le reçoit-elle pas tous les jours dans l'ordre politique? Aurait-elle sans nous arrêté la Russie en Orient? Aurait-elle trouvé à toute autre époque une France qui restât spectatrice désintéressée de l'insurrection indienne? L'expédition française qui navigue vers la Chine, que va-t-elle y faire, sinon pratiquer l'alliance anglaise? Un programme de la politique anglaise en Italie avait été formulé et promené par un diplomate célèbre; les chancelleries en gardent le souvenir. Il nous a convenu d'accomplir ce programme : le roi de Naples menacé, la papauté ébranlée, l'Autriche repoussée, ses auxiliaires disparus, le Piémont agrandi. Lord Minto n'aurait pas mieux fait. Il n'en a coûté à l'Angleterre ni un shilling ni un soldat; c'est nous qui avons tout fait, tout payé de notre sang et de nos trésors, au prix de difficultés politiques considérables; et cependant, fidèles à l'alliance, nous admettons au partage de l'influence celle qui n'a point partagé les sacrifices et la peine.

Donc, dans l'ordre politique, nous avons grandement, largement, loyalement payé et pratiqué l'alliance, et si l'Angleterre demande davantage, la France est en droit de lui dire : Vous n'êtes pas satisfaite! que voulez-vous donc de plus? Quoi! Sébastopol; quoi! l'Inde; quoi! la Chine; quoi! l'Italie ne vous suffisent pas! Il vous faut nos filatures, il vous faut nos forges, il vous faut nos charbonnages, il vous faut nos laines. Hé! laissez donc quelque force et quelque puissance à une alliée qui vous sert si bien!

IV

Résumons-nous.

De toutes les manières de toucher à la législation douanière et économique du pays, les traités de commerce sont la pire de toutes ; mauvaise, parce qu'on n'y procède pas avec la plénitude des moyens d'instruction que donne l'organisation politique du pays ; — mauvaise, parce que la France abdique sa liberté, et qu'en cas d'erreur elle est obligée ou d'accepter une déplorable situation pendant un temps déterminé, ou d'en sortir par la guerre ; — mauvaise, parce qu'elle rompt l'unité de la législation, excite les jalousies et les plaintes des tierces nations, et anime même les différentes parties du pays les unes contre les autres ; — mauvaise, parce qu'elle fait entrer dans le domaine des questions économiques des considérations politiques, cause inévitable d'illusion et d'erreur.

Notre organisation économique, dit-on, demande à être revisée, cela est possible. Peut-être sommes-nous à une de ces époques où cette revue et cette appréciation des forces productives de la France et des besoins de son commerce doivent être faites. Mais procédons à ce travail en face de nous-mêmes, sans les avis intéressés de l'étranger, sans autre préoccupation que celle de nos propres intérêts, avec la maturité, la liberté, l'indépendance, l'autorité qui conviennent à une grande nation décidant des conditions vitales de sa grandeur et de son existence. Si nous devons être protégés, soyons-le contre tous et surtout contre les plus forts ; si nos ports doivent s'ouvrir, qu'ils s'ouvrent pour tout le monde. On reproche à la protection, et souvent à tort, d'être un monopole, c'est du moins un monopole au profit des intérêts et du travail français ; le traité de commerce devient évidemment un monopole au profit d'un étranger. Quelle que soit la solution du problème, protection ou liberté, nous demandons pour toutes les nations l'égalité devant le tarif français.

Paris. — Imprimerie de Ch. Lahure et Cie, éditeurs du *Moniteur des Comices*. Rue de Fleurus, 9.